DU FORCEPS

AU

POINT DE VUE HISTORIQUE ET CRITIQUE

DU FORCEPS

AU

POINT DE VUE HISTORIQUE ET CRITIQUE

PAR

X. DELORE

Chirurgien en chef de la Charité

LYON

IMPRIMERIE D'AIMÉ VINGTRINIER

RUE BELLE-CORDIÈRE, 14

1867

DU FORCEPS

POINT DE VUE HISTORIQUE ET CRITIQUE

Instrument éminemment conservateur, le forceps répondait à un besoin réel ; aussi sa vulgarisation fut-elle l'événement obstétrical le plus considérable du siècle dernier. Que la tête soit située au détroit supérieur, dans la cavité du bassin ou à la vulve ; qu'elle soit inclinée, placée dans une position défavorable ou qu'elle n'exécute pas sa rotation interne ; que l'obstacle réside dans une rigidité des parties molles, une inertie utérine ou un rétrécissement pelvien ; qu'un effort léger suffise ou qu'il soit nécessaire d'exercer d'énergiques tractions, l'accoucheur a recours à son forceps et est en droit de compter sur ses services.

Le désir de remplir des indications diverses a suscité de nombreux changements au type primitif ; beaucoup resteront stériles, car leurs inventeurs, préoccupés par certains détails d'application, ont cherché à perfectionner quelques parties au risque de nuire à l'ensemble.

Je me propose de faire une revue critique des principales modifications qu'on a fait subir au forceps depuis son origine, sous le triple rapport de l'articulation des branches, de leur conformation et de leur mode de traction.

Articulation des branches. — A toutes les époques et dès l'origine on a senti la nécessité d'introduire les deux branches séparées et de les articuler ensuite. Relativement à leur mode d'union, il y a deux catégories bien distinctes : le forceps croisé et le forceps à branches juxtaposées, dont l'instrument de Thénance est le type. Le forceps juxtaposé ou assemblé est le premier en date. Les deux pièces s'unissent à l'extrémité des manches; c'est là ce qui le caractérise.

Probablement celui que Chamberlain apporta en France en 1672 était un forceps juxtaposé. Les mains de fer de Palfyn s'articulaient d'après ce système, qui a été perfectionné par Thénance, adopté par Montain, M. Valette et M. Chassagny, qui a parfaitement fait ressortir ses avantages. Ainsi, il n'expose pas au décroisement, l'articulation se fait facilement, et surtout il se produit un écartement moins considérable des extrémités des cuillers quand la tête est saisie suivant ses grands diamètres ou qu'elle est volumineuse· Malgré cette supériorité théorique, le forceps de Thénance est inférieur lorsque vient le moment de l'appliquer. L'inconvénient capital, à mon avis, c'est que les mains ne peuvent suffire à exercer la constriction qu'exige une traction de force et de durée moyennes ; de plus, ce forceps est disposé comme un levier interpuissant et il faut un mécanisme spécial pour assurer la constriction de la tête; on n'a plus alors cette sensibilité du tact qui est si importante dans les applications du forceps.

Forceps croisé. — Ménard, de Rouen, eut, en 1743, l'heureuse idée de croiser les branches. Cette modification, qui est généralement adoptée, mérite la faveur commune. Je ne veux point décrire ici les divers modes d'articulation, on conçoit qu'ils ont dû varier beaucoup suivant les progrès de la mécanique ; les articulations actuellement les plus commodes et les plus répandues me semblent être celles de Cazeaux et de Brunninghausen.

Pour éviter le *décroisement* des branches, qui est parfois nécessaire avec les instruments ordinaires, Tarsitani, de Naples, et Tureaux, de la Nouvelle-Orléans, ont imaginé des branches hermaphrodites, modification peu importante, car le décroisement n'est jamais cause d'une manœuvre difficile, et avec quelques précautions, on se met toujours à l'abri des lésions de la vulve.

Constriction. — Plusieurs accoucheurs ont cherché à préserver la tête d'une constriction trop forte, et ils ont ajouté un mécanisme qui maintient à une distance fixe les deux cuillers après leur application. Cette idée peut être mise à exécution dans le forceps croisé ou dans le juxtaposé. On la trouve réalisée déjà dans le forceps de Palfyn, dont un vieil exemplaire existe à l'arsenal de l'Ecole de médecine de Lyon. J.-L. Petit avait inventé pour cela une crémaillère ; Delpech et Jallaguier, de Montpellier, placèrent une vis centrale. Mais le forceps qui a été surtout fabriqué en vue de remplir cette indication, est le léniceps de M. Mattei ; il est composé de deux branches qu'on introduit d'abord, puis qu'on articule d'une manière fixe et symétrique dans une barre de bois transversale qui a des mortaises destinées à les recevoir.

Il y a là une excellente intention, malheureusement peu susceptible d'utilité dans la pratique; car, avec le seul moyen de préhension qu'on possède, les cuillers du forceps, on ne peut tirer sur la tête du fœtus sans la comprimer. Le forceps éprouve toujours un glissement sur elle jusqu'à ce que la compression exercée s'oppose au mouvement de descente. La traction s'accompagne nécessairement de pression, et celle-ci est d'autant plus forte que celle-là est plus considérable.

Les forceps croisés actuels me semblent bien disposés pour éviter une constriction trop forte. L'articulation n'est point placée au milieu des branches; elle est beaucoup plus rapprochée de l'extrémité des manches, ce qui atténue la puissance que peuvent imprimer au levier du premier genre des mains vigoureuses ou un esprit préoccupé.

Rapporteurs. — Dans le but d'évaluer par l'écartement des branches du forceps les dimensions de la tête fœtale saisie par les cuillers, Stein imagina le labimètre, Guillon et Maygrier un rapporteur, Delpech un céphalomètre, qui est une tige transversale unissant les deux crochets des branches.

Cette indication est tellement accessoire qu'elle a été abandonnée avec raison; en effet, le toucher suffit pour renseigner habituellement sur les dimensions de la tête ou sur sa situation.

Forceps assemblé. — J'ai dit en commençant que les deux branches s'introduisaient séparément, cependant quelques accoucheurs trouvant à cela des inconvénients ont imaginé le forceps *assemblé*, c'est-à-dire dont les deux branches s'introduisent superposées et se développent dans l'utérus. Ce système est d'origine fort ancienne. Le premier spécimen est le forceps de Schlitchting (Amsterdam, 1647, d'après Heister), qui disait tenir cet instrument de Roonhuysen. Les deux branches, articulées comme le forceps Thénance, étaient formées de lames très-flexibles ; les cuillers avaient une grande courbure ; il était destiné à la dilatation du col utérin, et par le fait il devait être nul comme instrument de traction. D'autres modèles dont je ne connais point les auteurs se trouvent à l'arsenal de l'Ecole.

M. Bernard, d'Apt, inventa un autre forceps assemblé, en 1836, et le présenta au Congrès de Lyon en 1864. Les deux cuillers s'introduisent simultanément en arrière, puis se développant de chaque côté vont saisir la tête suivant le diamètre transversal du bassin.

On peut objecter au forceps assemblé que la saillie de l'angle sacro-vertébral doit mettre un obstacle sérieux à son application dans les cas de rétrécissement qui nécessitent une application au détroit supérieur ; or, c'est précisément à cette hauteur que l'introduction de la seconde branche offre quelque difficulté ; dans la cavité du vagin ou à la vulve, la difficulté est nulle. Quand on a appliqué quelquefois le forceps au détroit supérieur dans des bassins mal conformés, on sait quelles précautions il faut apporter pour faire pénétrer cette seconde branche ; il faut pouvoir l'incliner soit à droite, soit à gauche, en bas ou en haut ; or, il est évident que ces utiles précautions ne peuvent plus être prises si le forceps est assemblé.

La *forme* des manches a présenté des variations insignifiantes ; peu importe qu'elles soient en bois ou en métal pourvu qu'elles donnent un point d'appui suffisamment solide à la main. L'examen des crochets dont on peut munir leur extrémité ne rentre pas dans notre sujet.

Les *cuillers* sont la partie la plus importante de l'instrument. On a compris de suite qu'il fallait les courber sur leur face. Les premiers forceps ne présentèrent que cette courbure qui est réellement la seule nécessaire. Si le cathétérisme véşical est possible chez l'homme avec une sonde droite, à plus forte raison l'espèce de cathétérisme vaginal ou utérin qu'on pratique en introduisant un forceps ; aussi le forceps droit sur les bords a eu des partisans jusqu'à ces temps derniers, et Imbert, ancien chirurgien-major de la Charité, lui était resté fidèle. Conquest et Lederer l'avaient également adopté. Il a des avantages d'abord dans les positions occipito-postérieures non réduites, car alors la bascule est plus facile ; ensuite dans les cas où la rotation interne ne s'exécutant pas, on cherche à la favoriser avec le forceps; mais à part ces deux cas spéciaux, le forceps courbé sur ses bords est de beaucoup supérieur et c'est une gloire pour Levret et Smellie de l'avoir ainsi perfectionné. Quand une idée est rationnelle, elle a le don de propagation rapide et de longue durée. Quoi de plus rationnel que d'introduire dans un canal courbe un instrument ayant une courbure analogue? Mais alors il faut toujours avoir présent à l'esprit que la traction ne doit pas s'exercer suivant une direction rectiligne unique dans un canal courbe et appliqué sur un instrument courbe.

La courbure des faces doit se mouler exactement sur la tête du fœtus ; il est évident que la prise sera meilleure avec une courbure plus accentuée; les forceps juxtaposés n'ont point besoin d'une courbure aussi prononcée que les autres. Une courbure trop forte a cet inconvénient que, si l'instrument glisse sur la tête, la portion la plus cintrée n'est plus en rapport avec la tête et peut léser les organes maternels en leur présentant un écartement trop grand.

Hermann, de Berne, outre les deux courbures des cuillers, avait encore imprimé aux branches de son forceps une courbure périnéale concave en arrière, pour ne pas léser et distendre la fourchette dans les applications au détroit supérieur. Dans les cas d'étroitesse vulvaire, cette modification doit être avantageuse.

Le forceps primitif de Chamberlain avait des cuillers pleines, disposition reproduite par Palfyn et plus récemment par Montain, Weisbrod et Malat.

La fenestration date du milieu du siècle dernier, Levret et Smellie l'adoptèrent ; celui-ci recouvrait les cuillers de peau de chien. Davis et Conquest augmentèrent les dimensions des fenêtres. La fenestration est un progrès, elle rend l'instrument plus léger et assure sa prise en permettant aux téguments de la tête de s'engager dans l'espace vide d es cuillers.

Rotation. — Dans la majorité des cas, la tête est au détroit supérieur en position occipito-transverse. On la saisit donc à ce niveau du front à l'occiput, et en l'extrayant on doit songer à ne pas gêner la rotation suivant un quart de cercle qui amène le dégagement de la tête sous le pubis. Du besoin de remplir cette indication est né le forceps à cuillers tournantes dont la première idée remonte à Fried (Sontag, thèse, Strasbourg, 1853), qui posait en principe qu'on devait toujours saisir la tête par les côtés. Dugès conçut aussi un forceps à cuillers pivotantes, mais son projet, dit-on, ne reçut qu'un commencement d'exécution. Son modèle existe à l'Ecole de médecine et il offre les particularités suivantes : l'articulation est disposée de telle sorte que les branches peuvent basculer à volonté dans tous les sens et même avoir une longueur inégale. Les cuillers sont pivotantes et tournent sur leur axe; un cliquet permet de les fixer dans toutes les directions; malheureusement la construction de cet instrument est tellement défectueuse qu'il est inapplicable.

Un ingénieux moyen de remplir cette indication, connu déjà d'après M. Bouchacourt (Congrès de Lyon, 1864), et adopté par MM. Chassagny et Joulin, c'est la traction par l'intermédiaire de cordes qui se tordent aisément sans gêner la direction naturelle de la tête. Je ferai seulement remarquer qu'il n'est pas d'accoucheur qui ne veille à favoriser cette rotation loin d'y mettre obstacle, et que, dans la plupart des cas, elle se produit entre les mors de son instrument sans qu'il en ait conscience, à moins d'une attention spéciale.

Force. — A toutes les époques, il y a eu les partisans de la force et ceux qui l'ont proscrite. Aussi on trouve dans les arsenaux d'obstétrique des forceps de dimensions fort variables. Quelques-uns, d'un volume gigantesque, ont le grave inconvénient de distendre les organes maternels et d'exposer la tête du fœtus à de dangereuses lésions, d'autant plus que leur pesanteur en rend le maniement difficile. D'autres sont peu volumineux et destinés à favoriser le dégagement vulvaire. La fantaisie s'en est aussi mêlée et a créé des forceps de poche ou microscopiques. Il y a aussi des forceps longs pour le détroit supérieur et des forceps courts pour le détroit inférieur. Un problème qu'on avait

vainement cherché à résoudre a reçu de nos jours une so-
lution satisfaisante : nos fabricants modernes ont réussi à
faire des forceps brisés sans diminuer leur force. Cette heureuse innovation permet d'assujettir sur le même manche
les branches d'un forceps long ou d'un forceps court. Le
forceps brisé de Charrière me paraît préférable.

Mais un des progrès les plus sérieux, je crois, c'est d'a-
voir su fabriquer des forceps en acier bien trempé et qui
unissent une grande solidité à l'élasticité. On n'est plus
obligé, comme autrefois, quand on veut de la force, de faire
ces forceps volumineux dont je parlais tout à l'heure. Grâce
au peu de longueur des manches, il a été possible d'allonger
les extrémités articulaires et de les superposer de telle
sorte que leur écartement est nul dans la préhension de la
tête ; c'est le même mécanisme qui est employé pour les
pinces à polypes.

Asymétrie. — A toutes les époques on s'est préoccupé de
saisir la tête dans toutes les situations où elle se présente, et
comme après tout elle n'est point une sphère régulière ou
qu'elle peut être inclinée, on a cherché à adapter le forceps à
sa conformation.

C'est ce qui a inspiré le forceps de Radfort, dont une cuil-
ler était plate et devait s'appliquer sur la face. Davis a cherché aussi à réaliser l'asymétrie. J'ai déjà parlé du forceps de
Dugès qui devait s'appliquer sur les côtés de la tête dans
toutes les positions possibles.

Baumers de Lyon (1849), dans la construction de son forceps
asymétrique, a été guidé par une autre pensée : il avait re-
marqué avec juste raison qu'au détroit supérieur on ne pou-
vait placer le forceps de Levret que suivant le diamètre

transverse du bassin et que de la sorte la constriction de l'instrument ne servait en rien à la réduction de la tête; aussi fit-il une branche postérieure et une antérieure coudée au niveau du pubis, derrière lequel on doit l'insinuer. L'idée est rationnelle, mais je doute qu'elle puisse passer dans la pratique; le plan du détroit supérieur d'un bassin rétréci par le rachitisme se rapproche fortement de la verticale et s'il est alors difficile d'appliquer les cuillers sur les côtés de la tête, il devient impossible d'en placer une en avant. Sur le cadavre j'ai éprouvé de grandes difficultés à appliquer la branche antérieure. Uytterhoven, en Belgique, fit à peu près en même temps que Baumers un forceps semblable.

La véritable expression de l'asymétrie revient à M. Hamon. Son instrument est construit d'après le modèle du léniceps Mattei, avec cette différence essentielle que les branches peuvent être fixées sur la barre transversale dans toutes les situations; la gauche est basculante et la droite pivotante. Ce forceps est tellement disposé qu'il ne peut être symétrique. M. Hamon a le mérite de populariser une idée qui me paraît féconde: quel est en effet l'accoucheur qui en appliquant le forceps n'a pas éprouvé le désir d'en fixer les branches asymétriquement? On objecte généralement à cette manière de faire que la prise est défavorable; je ferai remarquer, que la tête est irrégulière, et qu'il n'est pas nécessaire, pour pouvoir tirer sur elle, d'avoir toujours des cuillers symétriquement placées. De plus, si avec un levier il est possible d'exercer de fortes tractions, on le pourra mieux encore avec le large levier que représentent les cuillers du forceps Hamon, quand elles sont placées toutes deux en arrière de la tête; il importe toutefois en tirant les branches de faire légèrement basculer les cuillers en avant pour assurer leur prise. Cette application en arrière d'un large levier me semble bonne dans les rétrécissements avec inclinaison de la tête en avant. J'ai eu occasion d'appliquer une fois le forceps de M. Hamon, son introduction fut facile, sa prise excellente, mais le rétrécissement du bassin était tel que je dus recourir à d'autres instruments pour terminer l'extraction.

Traction. — Plusieurs modifications ont été imprimées au forceps sous le rapport du mode de traction, qui varie suivant sa direction, son énergie, son point d'appui, sa continuité ou son intermittence.

Hermann, de Berne, fixait aux cuillers, au moyen d'un étau, une tige solide et inclinée en arrière afin de pouvoir tirer suivant l'axe du détroit supérieur. Je ferai l'examen de toutes les questions si intéressantes qui ont trait à ce sujet en abordant l'étude des appareils à traction continue.

Jusqu'ici les tractions mécaniques avaient eu peu de vogue en obstétrique humaine ; elles étaient confinées à peu près exclusivement dans le domaine de la vétérinaire qui sacrifie aisément le produit dans l'intérêt de la mère. Rainard, (*Traité de parturition*, 1845), Lecoq, de Bayeux, conseillent de recourir à un treuil, au tour des voitures ou à une machine quelconque, dans le cas où une grande force es t nécessaire ; la traction est plus régulière, plus continue et plus facile à graduer. Hurtrel d'Arboval et Fromage condamnent les machines comme des instruments aveugles qu'on ne peut diriger à son gré, qui ne permettent pas de varier les directions.

Pour obvier à ce dernier inconvénient, Rainard conseille d'appuyer sur les cordes. La contre-extension se fait avec une sangle qui passe derrière les fesses en manière de fessière.

MM. Chassagny et Joulin ont cherché depuis quelques années à faire prévaloir la traction continue et tous deux ont imaginé un appareil pour l'exécuter. Sans vouloir trancher la question de priorité, je crois qu'elle appartient à M. Chassagny, mais M. Joulin a le mérite d'avoir appuyé le système sur des bases scientifiques.

L'appareil de M. Chassagny est composé d'abord d'un forceps Thénance articulé d'une manière ingénieuse, et dont des cuillers sont divisées en deux par une lame métallique percée à son centre, ensuite d'une tige transversale qui prenant son point d'appui sur les deux genoux de la patiente est munie d'un système de traction qui se transmet au forceps de la façon suivante : vers le milieu de cette tige est placé un treuil, sur lequel s'enroulent deux cordes qui se réfléchissent dans le trou qui est au milieu des fenêtres. Ces deux cordes vont ensuite s'attacher à un coulant qui glisse de l'articulation du forceps vers les cuillers dont il opère le rapprochement avec une force proportionnelle à la traction.

Cet appareil me semble mériter les critiques suivantes : le point d'appui sur les genoux est mauvais, surtout dans les applications au détroit supérieur. Quoi qu'on fasse, les genoux se fléchissent, de sorte que la force est appliquée perpendiculaire à la direction qu'elle devrait avoir. C'est là un inconvénient grave à cause de la déperdition de force contre le pubis d'abord et encore pour une autre raison. Les cordes vont transmettre la force de traction des genoux, directement au centre des fenêtres, qui peut être placé au-dessus du détroit supérieur ; pour peu que les cuisses soient légèrement fléchies, ce qu'il est impossible d'éviter, ces cordes pressent fortement le vagin , à droite et à gauche, contre les branches de l'arcade pubienne et lui font des déchirures parfois graves. Un autre inconvénient sérieux également, c'est la saillie du coulant, qui peut déchirer les parties latérales de la vulve et du vagin, surtout chez les primipares.

M. Joulin n'a qu'un appareil de traction, qu'il appelle aide-forceps. C'est une grande canule, analogue à l'écraseur linéaire, modèle Charrière, dont le point d'appui est sur les ischions. La force, qu'un dynamomètre indique, est transmise du bouton mobile de la canule par une corde aux fenêtres du forceps. Cet appareil a été rarement appliqué dans la pratique, l'expérience n'est point encore faite sur ses avantages ou ses inconvénients. Son point d'appui est meilleur et plus solide que celui de M. Chassagny, mais le forceps est invariablement appliqué du côté du périnée et ne peut évoluer librement.

J'ai employé une fois le tracteur de M. Joulin et il me parut avoir bien rempli son rôle d'aide-forceps, au niveau du détroit supérieur rétréci. L'extraction fut ensuite terminée avec les mains.

La traction continue telle qu'elle se fait avec ces deux appareils est supérieure à la traction manuelle sous deux rapports : d'abord, M. Joulin l'a expérimentalement démontré, elle exige des efforts moins grands ; ensuite elle paraît mieux supportée par les femmes.

Une difficulté commune aux deux appareils c'est de maintenir le point d'appui ; il faut pour cela de la part des aides des efforts souvent considérables ; s'il était démontré que la traction mécanique eût dans la pratique une supériorité réelle sur la traction manuelle qui est essentiellement irrégulière, il y aurait peut-être avantage à la transmettre au

forceps avec une moufle munie d'un dynamomètre prenant
son point d'appui au moyen d'un piton sur une planchette
mobile qu'on fixerait au parquet dans la situation qu'on ju-
gerait préférable. On éviterait ainsi l'inconvénient du point
d'appui unique et invariable. Dans le système de M. Chassagny le point d'appui est excellent pour les applications au
détroit inférieur, et l'aidé-forceps de M. Joulin est bon dans
les cas d'obstacle au détroit supérieur.

Il y a un danger avec les appareils mécaniques, c'est qu'on
dispose d'une force considérable et qu'on est disposé à en
user dans les cas de résistances ; on s'expose alors à pro-
duire de regrettables désordres. De plus, la continuité présente aussi cet inconvénient qu'elle exerce sur le cerveau
fœtal une pression prolongée qui doit nuire à ses fonctions.
A cette cause on pourra attribuer peut-être une plus forte
mortalité des enfants pendant l'accouchement avec tractions
mécaniques. Si la contraction utérine est intermittente pour
laisser reposer l'organe musculaire, elle l'est aussi incontes-
tablement pour que le cerveau du fœtus, cessant un instant
d'être comprimé, puisse recevoir un sang réparateur indis-
pensable à son fonctionnement.

J'aurais pu parler du levier, montrer quelles sont les indications nombreuses de cet instrument, combien il est supérieur au forceps dans les positions inclinées, quand il y a
défaut de rotation ou de flexion et même dans certains cas
de rétrécissement; mais ce serait sortir du cadre que je me
suis tracé. Je veux borner cette étude au forceps.

Résumé. — Ce coup d'œil historique me conduit aux con -
clusions suivantes :

Quand on veut venir en aide à une femme qui ne peut

accoucher, il faut peu de force et bien l'appliquer. La contraction utérine m'a toujours paru moins énergique qu'on
ne le dit généralement pendant la douleur. Dans des cas de
rétrécissement j'ai placé mon doigt entre la tête et l'angle
sacro-vertébral et je n'ai jamais éprouvé qu'une pression
médiocre. Il suffit souvent au forceps de rectifier l'application
de la force utérine pour réussir, et c'est ce qui arrive lorsque la tête est directement poussée dans la concavité du
sacrum. Dans ces cas, le forceps ordinaire réalise parfaitement l'indication. M. Velpeau faisait déjà remarquer dans
son traité obstétrical, que les accoucheurs qui avaient la
pratique la plus étendue n'avaient jamais songé à modifier
d'une manière sérieuse le forceps de Levret. Ce qu'il disait il
y a trente ans est encore vrai aujourd'hui. Sans doute il
y a des cas où l'on pourra employer avec succès la traction
continue, le forceps asymétrique ou d'autres instruments
ingénieusement modifiés, mais l'usage de ces moyens res-
tera exceptionnel à cause des complications instrumentales,
complications instrumentales qui sont peu de chose en pré-
sence des complications d'application. Plus un instrument
est compliqué, plus il faut une main habile et exercée pour
s'en servir, et ce serait léser les intérêts de la majorité des
praticiens que de leur dénaturer le forceps qui réalise des
conditions d'utilité et de simplicité, gage certain de sa durée
et de son emploi général.

Si l'on jette un coup d'œil sur l'histoire de notre art, on
voit qu'elle est fertile en enseignements; des instruments
compliqués ont été imaginés pour faire l'opération de la ca-
taracte, la taille et la trachéotomie; le vrai chirurgien les
relègue dans les arsenaux et leur préfère une pince et un
bistouri. Que dirait-il si on voulait lui changer le bistouri?

Le bistouri de l'accoucheur c'est le forceps, et nous pensons qu'un forceps brisé, bien trempé, à longues et fortes cuillers pour le détroit supérieur, à mors courts et délicats pour le détroit inférieur, suffit à toutes les exigences de la pratique ordinaire.